Bibliografische Information der Deutschen Nationalbibliothek:

Die Deutsche Bibliothek verzeichnet diese Publikation in der Deutschen National-
bibliografie; detaillierte bibliografische Daten sind im Internet über http://dnb.d-
nb.de/ abrufbar.

Impressum:

Copyright © 2008 GRIN Verlag, Open Publishing GmbH
Druck und Bindung: Books on Demand GmbH, Norderstedt Germany
ISBN: 978-3-656-86431-8

Dieses Buch bei GRIN:

http://www.grin.com/de/e-book/284535/die-produkte-des-online-marketing-vor-
und-nachteile-des-suchmaschinen-marketing

Holger Weber

Die Produkte des Online-Marketing. Vor- und Nachteile des Suchmaschinen-Marketing

GRIN Verlag

GRIN - Your knowledge has value

Der GRIN Verlag publiziert seit 1998 wissenschaftliche Arbeiten von Studenten, Hochschullehrern und anderen Akademikern als eBook und gedrucktes Buch. Die Verlagswebsite www.grin.com ist die ideale Plattform zur Veröffentlichung von Hausarbeiten, Abschlussarbeiten, wissenschaftlichen Aufsätzen, Dissertationen und Fachbüchern.

Besuchen Sie uns im Internet:

http://www.grin.com/

http://www.facebook.com/grincom

http://www.twitter.com/grin_com

Die Produkte des Online-Marketing
Vor- und Nachteile des Suchmaschinen-Marketing

Holger Weber

Inhaltsverzeichnis

Abkürzungsverzeichnis

B2B	Business-to-Business
B2C	Business-to-Consumer
BITKOM	Bundesverband Informationswirtschaft Kommuniktation und neue Medien e.V.
BVDW	Bundesverbandes Digitale Wirtschaft
CMS	Content Mangement System
CPA	Cost per Action
CPC	Cost per Click
CPL	Cost per Lead
CPM	Cost per Mille
CPO	Cost per Order
CPX	Cost per X (mit X als Platzhalter)
CR	Conversion Rate
CTR	Click through Rate
DEC	Digital Equipment Corporation
HTML	Hyper Text Markup Language
IDF	Inverted Document Frequency
IP	Internet Protokol
KMU	Kleine und Mittlere Unternehmen
MIT	Massachusetts Institute of Technology
OVK	Onlinevermarkter-Kreis
PC	Personal Computer
PR	PageRank
ROI	Return on Investment
SEM	Search Engine Marketing
SEO	Search Engine Optimisation
SERP	Search Engine Resulat Page
URL	Uniform Resource Locator
W3C	World Wide Web Consortium

Einleitung

Das Suchmaschinen Marketing (engl. Search Engine Marketing) ist keine klassische Marketingstrategie. Es geht darum, möglichst viele potentielle Kunden zur Ansicht der eigenen Website zu animieren, wie bei allen Arten des Online Marketings. Online Marketing unterscheidet sich von anderen Marketingstrategien dadurch, dass sich alle Methoden auf das Internet beziehen. Die Einordnung des Suchmaschinen Marketings in das Segment des Online Marketings hilft dabei abzuschätzen, ob dieses alleine ausreicht oder ob es durch andere Arten des Onlinemarketings ergänzt werden sollte. Auch das Suchmaschinen Marketing bedarf genauer Planung, hierbei ist das wichtigste die Keywordauswahl, denn bei den Keywords wird die Anzeige geschaltet.

1. Stärken des Online Marketing

Online Marketing hat gegenüber dem klassischen Marketing verschiedene Stärken, die sich aus den Möglichkeiten des Mediums Internet ergeben. Für die Planung einer Werbekampagne im Internet müssen diese besonders berücksichtigt werden, da sie einen großen Einfluss auf den Erfolg der Maßnahme haben.

1.1. Interaktivität

Die Möglichkeit einer zweiseitigen Kommunikation, in der der Nutzer gleichzeitig Sender und Empfänger sein kann, gilt als grundsätzliches Merkmal der Online-Medien. Hierbei wird unterschieden, ob die Kommunikation mit einem anderen Menschen (personale Interaktion) oder mit einer Maschine (maschinelle Interaktion) besteht. In der klassischen Kommunikation gibt es nur die personale Interaktion. Die maschinelle Interaktion ermöglicht es dem Nutzer in (quasi) Echtzeit mit den Medien zu interagieren.

1.2. Hypermedialität

Unter Hypermedialität versteht man die Verbindung des Hypertext- mit dem Multimediaprinzip. Der Nutzer hat die Möglichkeit, sich frei zwischen durch Links miteinander verbundene Information zu bewegen. Hierbei können die Information aus reinem Text oder Multimediainformationen bestehen.

1.3. Räumliche und zeitlich Unbegrenztheit

Das Internet ist ein weltweit umspannendes Netzwerk, das Informationen von und zu jedem Ort der Welt in (quasi) Echtzeit gelangen. Auch ist das Online Angebot (maschinelle Interaktion) zu jeder Zeit verfügbar. Eine mögliche Barriere ist die Sprache, welche aber durch multilinguale Angebote umgangen werden kann.[1]

1.4. Arten von Online Marketing

Da die Werbewirkung im klassischen Marketing immer höhere Kosten verursacht, sehen viele Firmen eine Alternative im Online Marketing[2]. Dies wird durch die Wachstumsprognose von 25% (siehe auch Abbildung 1) des Onlinevermarkter-Kreises[3] (OVK) deutlich.

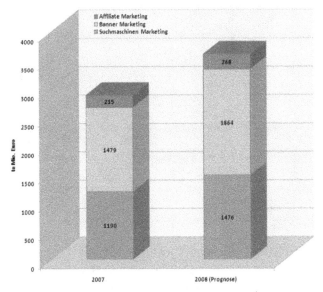

Abbildung 1 Online Marketing Volumen in Deutschland[4]

Da immer mehr Personen weltweit das Internet nutzen, wird das Segment des Online Marketings weiter wachsen. BITKOM prognostiziert, dass 2010 ca. 70% der Deutschen das Internet nutzen werden, was einem jährlichen Wachstum von 4% entspräche[5].

---

[1] Vgl. Emrich (2008) Seite.348f.
[2] Vgl. Diekhof et al. (2002)
[3] Fachgruppe des Bundesverbandes Digitale Wirtschaft (BVDW e.V.)
[4] In Anlehnung an: BVDW (2008a) S. 5
[5] Vgl. BITKOM (2008a)

5

In Abbildung 2 sind die wichtigsten Online Marketing Arten dargestellt, die Fläche entspricht den durch die jeweilige Methode erreichten Personen. Alle nicht zur Zielgruppe gehörigen Personen werden als Streuverluste bezeichnet, welche Kosten verursachen, bei denen die Maßnahme aber keine Wirkung hat. Eine Ausnahme ist hier Affiliate-Marketing, da hier die Streuverluste keine Kosten verursachen. Man erkennt deutlich, dass Suchmaschinen Marketing die geringsten Streuverluste hat. Diese Verluste lassen sich durch eine gute Planung minimieren.

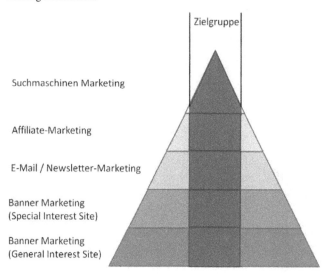

Abbildung 2 Streuverluste Online-Marketing[6]

1.5. Suchmaschinen Marketing

Bei Suchmaschinen oder Performance Marketing wird vom Suchmaschinenbetreiber zu einem Keyword eine Werbeanzeige geschaltet. Somit kann die Anzeige gezielt auf die aktuellen Bedürfnisse eines Nutzers zugeschnitten werden. Bei einer gut auf die Zielgruppe ausgerichteten Keywordwahl sind die Streuverluste gering, können aber bei einem eher allgemeinen Keyword hoch ausfallen. Aber da nur Kosten entstehen, wenn auf die Anzeige geklickt wird, sind diese hierfür gering.

Meist besteht die Möglichkeit die Anzeigen im Contentnetz des Suchmaschinenbetreibers mit schalten zu lassen. Hierbei werden ähnlich wie beim Affiliate-Marketing von Partnern Anzeige oder Anzeigeblöcke auf Websites geschaltet. Die Anzeigen werden ähnlich zu den

---

[6] In Anlehnung an: Rabe (2004)

Keywords einer Suchanfrage, welche meist aus dem Inhalt des Dokuments generiert werden, geschaltet. Es gibt auch reine Contentnetze wie beispielsweise MIVA.

Die Anzeigen werden auf einer SERP in einem Ranking dargestellt. Eine hohe Position ist für eine gute Klickrate wichtig. Aber im Gegensatz zu den generischen Ergebnissen entscheidet über die Position, wie viel für einen Klick gezahlt wird.

1.6. E-Sponsoring

Das E-Sponsoring oder Online-Sponsoring ist eine Form des klassischen Sponsorings das sich auf online Angebote beschränkt. Somit ist auch E-Sponsoring langfristig ausgerichtet und nicht für kurzfristige Marketingmaßnahmen geeignet. Hier werden nicht monetäre Leistungen erbracht, sondern es kann sich auch um Sachleistungen handeln. Ein wichtiger Aspekt des Sponsorings ist ein Imagetransfer, des positiven Images des Sponsornehmers zum -geber.[7]

1.7. Banner/Button Marketing

Die am weitesten verbreitete Form des Online Marketings ist der Einsatz eines Banners auf einer Webseite. Dies geschieht durch Einbettung in die Webseite oder durch ein Fenster das vor die Seite gelegt wird. Alle Banner bieten Interaktionsmöglichkeiten, diese sind meist einfache Links zu der Zielseite. Die Bezahlung bei Banner Marketing erfolgt meist auf einer Pay per Click Basis.

Banner Typ	Beschreibung
Statische	Banner mit statischem Bild und/oder Text.
Animierte	Banner mit animierten Texten und/oder Bildern.
Transaktive	Banner mit erweiterter Interaktivität und Funktionalität, mit Flash, Java oder Shockwave erstellt.
HTML	Banner mit erweiterter Interaktivität und Funktionalität, mit HTML und/oder Javascript erstellt.
Nanosite	Banner mit erweiterter Interaktivität und Funktionalität, mit komplett integrierter Webseite.

Tabelle 1 Bannergrundtypen[8]

---

[7]Vgl. Förster et al. (2002) Seite48f.
[8]Vgl. Roddewig (2003) Seite 22

Beim Banner Marketing muss noch unterschieden werden, auf welcher Gruppe von Webseite die Banner geschaltet werden. Websites lassen sich je nach Thema der Site in zwei Gruppen einteilen, den Websites

- zu einem Thema (engl. special interest site) oder
- mehren Themen (engl. general interest site).

Ein Banner das nur aus dem Logo einer Firma besteht oder sehr klein ist, wird als Button bezeichnet.

1.8. E-Mail / Newsletter Marketing

E-Mail Marketing ist keinesfalls mit den unerwünschten Spammails gleich zusetzen, sondern ein effizientes Tool, wenn es richtig eingesetzt wird. Im Zeitalter der Telekommunikation hat in den Industrienationen fast jeder einen E-Mail Zugang. In den meisten Fällen gehört ein E-Mailprogramm zu den ersten Programmen die beim Einschalten eines Computers gestartet werden. Aber da fast jeder Internetnutzer täglich massenhaft Spammails bekommt, muss man mit dem Einsatz vorsichtig umgehen, um nicht mit einem Spammer gleichgesetzt zu werden.

Beim seriösen E-Mail Marketing ist es wichtig, dass der potentielle Kunde die E-Mail/ den Newsletter selber bestellt hat und sich auch jederzeit einfach austragen lassen kann. Sind diese Punkte nicht erfüllt, sieht der Empfänger der E-Mail diese schnell als Spam und den Absender als unseriös an. Zu bedenken ist dabei auch die Rechtslage in Deutschland, laut der eine ohne Einwilligung versendete E-Mail als unzumutbare Belästigung gilt.[9]

Meist werden beim E-Mail Marketing Newsletter in regelmäßigen Abständen an eingetragene Kunden versendet. Der Newsletter sollte auf die Zielgruppe ausgerichtet sein und nicht schnell mit einer Spammail verwechselt werden können. Die größten Kosten beim E-Mail Marketing ist die Erstellung der E-Mail selber, denn die Übertragungskosten der E-Mails sind gering.[10]

1.9. Affiliate Marketing

Ein Partnerprogramm (engl. Affiliate Marketing) wird genutzt um das eigene Sortiment zu erweitern und zu ergänzen. Das bekannteste und weltweit größte Partnerprogramm gehört Amazon, welches 1997 diese Form des Marketings ins Leben rief.[11] Hierbei geht ein Partner, der sogenannte Affiliate, eine strategische Allianz mit einem Händler ein. Hierbei präsentiert

---

[9]Information zur deutschen Rechtlage bei E-Mails findet man unter www.absolit.de/rechtslage.htm
[10]Vgl. Förster et al. (2006) Seite 178ff.
[11]Das deutsche Amazon Partnerprogramm nennt sich PartnerNet (partnernet.amazon.de)

der Partner dann das Angebot des Händlers auf seiner Webseite, meist als Banner oder Textlink. Aber ebenso kann das Angebot in das eigene Angebot integriert sein. Je nach Produkt oder Dienstleistung ist die Bezahlung unterschiedlich. In Tabelle 2 sind die bekanntesten Bezahlmodelle dargestellt, diese existieren aber oft auch in Mischformen.[12]

Bezahlmodell	Beschreibung
Pay per Sale	Für jede verkaufte Ware wird eine Provision gezahlt
Pay per Lead	Für jeden hergestellten Kontakt wird eine Provision gezahlt
Pay per Click	Für jeden Click auf den Link oder das Banner wird ein Betrag gezahlt
Pay per E-Mail	Für jeden Besucher, der seine E-Mail hinterlässt, wird eine Provision gezahlt
Lifetime-Provision	Provision für alle Folgekäufe eines einmal vermittelten Kunden
Zwei- oder mehrstufige Vergütungsmodelle	Provision für das Vermitteln eines neuen Partners, oft ist die Provision ein kleiner Anteil der Provision des neuen Partners

Tabelle 2 Bezahlmodelle Affiliate Marketing

1.10. Planung einer SEM-Kampagne

Der erste Schritt bei der Planung einer SEM-Kampagne ist es, die Zielgruppe zu definieren. Diese sollte die gleiche Gruppe oder eine Teilgruppe sein, für die die zu bewerbende Website erstellt wurde. Bei einer Website, die für die Zielgruppe optimiert und ausgerichtet ist, ist die Absprungrate geringer. Als nächstes müssen die Keywords für die Kampagne ausgewählt werden und für diese dann die Anzeigen erstellt werden. Eine Unterstützung der Kampagne mit SEO-Methoden vergrößert den Erfolg. Hierbei sind der Aufwand und die langfristigen Kosten abzuschätzen, um zu sehen ob eine Verbesserung mit SEO und/oder SEM Methoden erreicht wird.

---

[12]Vgl. Lammentt (2006) Seite 21ff.

Um den Erfolg bewerten zu könnten sollte die Kampagne mit Controlling-Methoden überwacht werden. Hierbei ist ein besonders Augenmerk auf die Keywords und Anzeigen zu richten. Diese sollten entsprechend den Controllingvorgaben nachjustiert werden. Nur durch regelmäßige Überwachung und Anpassung kann eine Kampagne langfristig Erfolg haben, da das Internet sehr schnell auf Trends und äußere Einflüsse reagiert.

1.11. Zielgruppe

Bei der Definition einer Zielgruppe sollte so genau wie möglich vorgegangen werden, denn auf dieser Definition bauen alle weiteren Schritte auf. Es gibt zwei Methoden eine Zielgruppe zu beschreiben:

- Aufzählung der Attribute die jedes Mitglied der Zielgruppe erfüllen muss.
- Beschreibung von Idealtypen[13] und Zuordnung von einem oder mehren zur Zielgruppe

Wenn die Zielgruppe aus mehren Teilgruppen besteht sind diese so genau wie möglich zu beschreiben und voneinander abzugrenzen. So kann die Kampagne in Unterkampagnen für jede dieser Gruppen aufgeteilt und angepasst werden.[14]

1.12. Keyword Auswahl

Da man aufgrund der Nähe zu den Produkten/Dienstleistungen meist eine Art Betriebsblindheit aufweist, ist das Finden guter Keywords kein einfacher Prozess. Denn die Keywords sollten so gewählt sein, wie die Zielgruppe selbst sie wählen würde. Hierzu wird eine Liste mit möglichen Keywords erstellt und anschließend beurteilt. Diese Liste wird am besten mit mehreren Methoden erstellt.

Die wichtigsten hierzu sind:

- Brainstorming
- Logfile Analyse
- Analyse von Mitbewerbern
- Synonyme finden

---

[13]Imaginäre Personen welchen demographische Eigenschaften, Gewohnheiten, Charakterzüge, etc. zugeteilt werden.
[14] Vgl. Erlhofer (2008) Seite 180f.

Die Liste möglicher Keywords sollte nun recht umfangreich sein und muss einer ersten Bereinigung unterzogen werden, da die nachfolgenden Schritte sonst sehr umfangreich ausfallen können. Als erstes sollten alle Begriffe von der Liste gestrichen werden, welche die Zielgruppe selbst nicht wählen würde. Als nächstes sollten die Worteigenschaften (siehe Tabelle 3) der Keywords betrachtet werden, da diese Auswirkung auf die nachfolgenden Schritte haben.

Worteigenschaft	Auswirkungen
Groß- / Kleinschreibung	Spielt keine Rolle da Suchmaschinen alle Wörter in Kleinschreibung verarbeiten
Singular / Plural	Wird bei deutscher Sprache berücksichtigt[15], es wird durchschnittlich mehr nach Singularformen gesucht.
Sonderzeichen	Sonderzeichen (wie Punkt, Komma, Klammern, etc.) werden von Suchmaschine bereinigt
Falsche orthografische Schreibweise	Kann bewusst eingesetzt werden um Nutzer die sich verschreiben zu bedienen.[16]
Getrennt oder zusammen	Zusammen gesetzte Substantive sollten nicht genutzt werden, da Suchanfragen oft die Begriffe zerteilen.
Wortkombination/-nähe	Der Trend geht zu mehr Wort Suchanfragen, hierbei ist die Reihenfolge und Nähe der Worte wichtig. Die Angabe der Region kann hier sehr sinnvoll sein.[17]

Tabelle 3 Worteigenschaften und ihre Wirkungen bei SEM[18]

---

[15] In englischer Sprache wird der Plural/Singular bei der Suche meist berücksichtig und Stemming nur bei paid-listings genutzt wird.

[16] Neue und alte deutsche Rechtschreibung wird von Google erkannt und (fast) gleichwertig behandelt.

[17] Mit Mehr-Wort Keywords ist es oft einfacher(kosten günstiger) eine höhere Position zu erreichen als mit Ein-Wort Keywords.

[18] Vgl. Erlhofer (2008) Seite 186ff.

Die Liste wird in den nächsten Schritten bewertet und jedes Keyword bekommt dabei Qualitätskriterien zu geordnet.

- Mit der Methode der inversen Dokumenthäufigkeit[19] sollte die relative Häufigkeit der Keywords ermittelt werden, denn bei seltenen Keywords ist ein gutes Ranking einfacher zu erreichen. Die in Tabelle 4 gemachten Angaben sind nur als Richtwerte gedacht, da die Qualität und Popularität der Website hier einen Einfluss haben. Eine Website mit hoher Relevanz ist einfacher zu optimieren.
- In einer oder mehreren Keyword-Datenbanken die Keywords überprüfen. Wichtig sind die Datenbanken, wo Kampagnen geschaltet werden soll. Die meisten Tools bieten grobe Abschätzungen zum Suchvolumen und der Mitbewerberdichte.

Anzahl der Treffer	Optimierbarkeit
0 – 60.000	Leicht
60.000 – 230.000	Schwieriger, jedoch im Bereich des Möglichen
230.000 – 1.000.000	Aufwendig, hoher Arbeitsaufwand
1.000.000+	Nur in Ausnahmefällen möglich

Tabelle 4 Optimierbarkeit von Keywords in Abhängigkeit zur Trefferzahl[20]

Mit den vergebenen Qualitätskriterien wird die Liste bereinigt und für jedes übriggebliebene Keyword wird die Keyword-Effizienz berechnet.

Der Keyword-Effizienz-Index ($KEI = \frac{P^2}{C}$) ergibt sich aus dem Verhältnis von Keyword-Popularität (P) zur Anzahl der Mitbewerber (C). Somit kann mit einer einfachen mathematischen Methode die Keyword-Qualität ermittelt werden. Hierbei gilt, je größer der Index ist, desto besser ist die Qualität.

Abbildung 3 Anzahl Mitbewerber bei einer Suche mit Google[21]

Gute Daten für die Berechnung des KEI zu bekommen ist schwierig, denn zur Popularität müssen Anfragen an Keyword-Datenbanken gestellt werden und diese liefern keine genauen Ergebnisse. Hingegen ist die Anzahl der Mitbewerber einfach zu bekommen, da die Anzahl der Ergebnisse zu einer Suche immer angezeigt werden.

KEI	Methode
Größer 10	Suchmaschinen Optimierung
1 bis 10	Suchmaschinen Marketing
Unter 1	Aufwand lohnt nicht

Tabelle 5 Bewertung von KEI Werten

Die Auswahl der endgültigen Keywords ist selbst mit der Berechnung des KEI schwer und sollte regelmäßig überwacht und angepasst werden.[22]

1.13. Anzeigentext

Die Gestaltung des Anzeigentextes ist ein schwieriges Unterfangen, der Text muss zu dem Suchwort passen und die Zielgruppe ansprechen. Es gibt verschiedene Formate für die Anzeige, die wichtigste ist die Textanzeige. Hierbei ist unter Beachtung der Inhaltsrichtlinien des jeweiligen Anbieters mit wenigen Worten eine aussagekräftige Anzeige zu erstellen.

Bei Google AdWords (siehe Abbildung 4), stehen für den Titel 25 Zeichen und für den Inhalt zwei mal 35 Zeichen zu Verfügung. Zu diesen drei Zeilen wird noch eine URL (max. 35 Zeichen) eingeblendet. Es ist möglich Keyword-Platzhalter im Text zu verwenden um die Anzeige an die Suchanfrage zu optimieren.[23]

---

[19] Die Größe des IDF richtet sich danach, oft der Begriff in allen Dokumenten gefunden wird, ist der Begriff selten, ist der Wert des IDF groß.
[20] Vgl. Erlhofer (2008) Seite 195
[21] Eigene Darstellung
[22] Vgl. Erlhofer (2008) Seite179ff.
[23] Vgl. Google (2008f)

Beispiel:		
Günstiges Hotel in Berlin		
Sauber und gute Verkehrsanbindung.		
Studenten erhalten 20 % Rabatt!		
www.berspiel.com		

Anzeigentitel:		Maximal 25 Zeichen
Textzeile 1:		Maximal 35 Zeichen
Textzeile 2:		Maximal 35 Zeichen
Anzeige-URL: ⓘ	http://	Maximal 35 Zeichen
Ziel-URL: ⓘ	http:// ▾	Maximal 1024 Zeichen

Abbildung 4 Erstellung einer Textanzeige mit Google AdWords[24]

2. Überblick über Produkte für SEM

Die meisten Suchmaschinen pflegen ein Netzwerk mit Partnern, in dem sie auch Anzeigen schalten. Diese Partner reichen von großen Portalen wie t-online[25] bis zu kleinen privaten Websites. Google generiert ca. 30% seines Umsatzes mit seinem Partnernetzwerk (siehe Abbildung 5) und ca. $^2/_3$ mit den Anzeigen bei der eigentlichen Suche.

Der wichtigste Partner weltweit für Suchmaschinen Marketing ist Google, der den größten Marktanteil besitzt. So nutzen viele Firmen ausschließlich Google für Suchmaschinen Marketing und vernachlässigen die übrigen Netzwerke. Man sollte aber stets die Suchmaschine/das Netzwerk oder die Kombination aus beiden wählen, welche für die eigene Zielgruppe das geeignete Medium ist.[26]

---

[24] In Anlehnung an: Google (2008q)
[25] t-online ist ein Partner von Google
[26] z.B. hat Alibaba.com zu Q4/08 die Werbeverträge mit Baidu gekündigt, da die Zielgruppe rückläufig ist. www.emfis.de News vom 31.10.2008

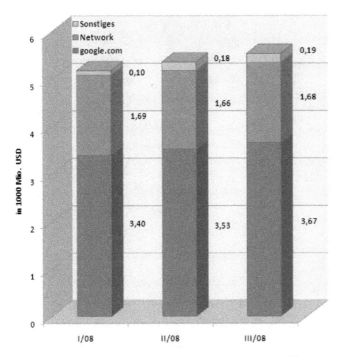

Abbildung 5 Google Einnahmen für die ersten drei Quartale 2008[27]

Bei fast allen Netzwerken ist die Position der Anzeige von der Höhe des Gebots abhängig. Hierbei werden die Gebote der Mitbewerber miteinander verglichen und das höchste Gebot bekommt die beste Position. Bei gleichem Gebot entscheidet meist die Relevanz der Seite zum Keyword. Fast alle Anbieter ermöglichen es, ein maximales Tages- oder Monatsbudget zur Kostenkontrolle zu bestimmen.

---

[27] In Anlehnung an: Google (2008b)

Zahlmethode	Beschreibung
CPM (Cost per Mille)	Preis pro eingeblendeter 1000 Anzeigen (Impressions) auch als Tausenderkontaktpreis (TKP) bekannt
CPC (Cost per Click, Cost per Customer)	Preis pro angeklickter Anzeige und Weiterleitung zur Website
CPA (Cost per Action, Cost per Acquistions),	Preis pro Aktion die Zustande kommt, hier kann Aktion unterschiedlich definiert sein (z.B. Registrierung, Klick, Einkauf, Download, etc.)
Cost per Conversion	Preis pro Abschluss, ähnlich CPA
CPL (Cost per Lead)	Preis pro kompletter Kontaktadresse, meist über Umfragen oder Gewinnspiele generiert
CPO (Cost per Order)	Hier bei wird für die tatsächliche Bestellung ein Beitrag gezahlt
CPX	X ist ein Platzhalter steht für CPA, CPL oder CPO

Tabelle 6 Bezahlmethoden SEM[28]

2.1. Google

AdWords ist das Produkt von Google, für Anzeigen im *paid listing* und Content Netzwerk Bereich. Für eine Einschätzung des Nutzens des Content Netzwerks, sind Informationen über AdSense hilfreich. Denn mit diesem Produkt können Websitebetreiber Anzeigen des Netzwerks auf ihren Seiten anbieten um damit Geld zu verdienen.

---

[28] Vgl. seo-konkret.de (2005)

2.1.1. AdWords

Mit AdWords sind keine langen Vorbereitungen nötig, denn der Zugang zur Kampagnenplanung funktioniert mit einem Google-Konto. Hierbei entstehen Kosten in Höhe von 5€[29].

Optionen	Starter-Edition	Standard-Edition
Anmeldung	Formular mit 1 Seite	Formular mit mehreren Seiten
Produkte	Eine Kampagne mit einem Keywordsatz und mehren Anzeigen	Zahlreiche Kampagnen mit jeweils vielen Keyword-Sätzen und Anzeigen
Berichte	Impressions, Klicks und Kosten	Zu allen Aspekten des Kontos, Erstellen benutzerdefinierter Berichte und Analyse zu Kosten und Return of Investment
Zielausrichtung	Kunden in einer bestimmten Region	Kunden in vielen Regionen
Kampagnen Planung Tools		Conversion Tracking, Traffic Estimator, Variationen des Keyword-Tools
Placement-Targeting		
Kostenkontrolle	Einfache Keyword Gebote	Keyword bezogene Gebote, content bezogene Gebote, Positionsgebot

Tabelle 7 Unterschiede Starter- und Standard-Edition[30]

---

[29] Es gibt viele Möglichkeiten einen Startgutschein zu bekommen, so kann man als Xing Premium Mitglied einen 55€ Gutschein bekommen.
[30] Vgl. Google (2008c)

Bei der Erstanmeldung hat man die Möglichkeit, zwischen Starter- oder Standard- Edition zu wählen, wobei die Standard-Edition mehr Funktionen anbietet. Ein Wechsel von der Starter- zu Standard-Edition ist jederzeit möglich.

AdWords gliedert die Kampagnen (max. 25) in Anzeigengruppen (max. 100) auf, in jeder Anzeigengruppe werden zusammengehörige Keywords und Anzeigen verwaltet. So ist es einfach für verschiedene Produkte, Zielgruppen und/oder Regionen eigenen Kampagne oder Anzeigengruppen einzurichten. Für diese Gruppen bietet AdWords die Option, verschiedene Anzeigenvariationen zu schalten. Hier bei gibt es zwei Verfahren (leistungsabhängig und leistungsunabhängig), wonach die zu schaltenden Anzeige ausgewählt wird.[31] Es gibt die Möglichkeit mehrere AdWords-Konten für die Verwaltung zusammenzufassen, diese Option eignet sich für Agenturen, die verschiedene Kunden betreuen oder wenn mehr als 25 Kampagnen benötigt werden.

Eine der großen Stärken von AdWords ist das einfach zu realisierende Geomarketing. Mit der Standard-Edition ist es möglich, mit wenigen Klicks entweder weltweite und/oder regionale Kampagnen zu schalten.

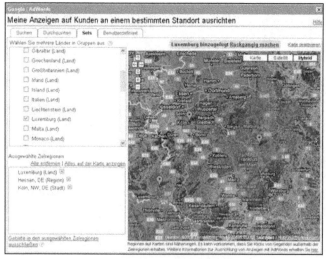

Abbildung 6 Auswahl der Region bei AdWords Standard-Edition[32]

Das eingebaute Keyword-Tool bietet in Kombination mit Adwords die Möglichkeit, die Keywords der Anzeigengruppe jederzeit zu analysieren.

---

[31] Vgl. Google (2008d)
[32] Google (2008p)

Die Textanzeige ist der wichtigste und am meisten genutzte Anzeigetyp. Aber für die verschieden Netzwerke gibt es weitere Anzeigentypen:

- Image-Anzeige (nur Content Netzwerk)
- Lokale Anzeige (Brancheneintrag bei Google Maps)
- Handy-Anzeige (Anzeigen für Handy optimierte Websites)
- Click-to-Play-Video-Anzeige (nur Content Netzwerk)

Bei den Anzeigen ist es wichtig, die redaktionellen Richtlinien zu beachten, denn 32 verschieden Bereiche sind nicht oder nur eingeschränkt zugelassen, hierzu zählen z.B. Waffen, Drogen, gefährdete Tierarten, Glückspiel (eingeschränkt) oder Alkohol (eingeschränkt).[33]

Anzeigen können bei Google als CPC (Standard) oder CPM bezahlt werden. Hierbei gibt es die Möglichkeit die *maximale CPC* (CPM) Methode durch die *bevorzugte CPC* (CPM) Methode zu ersetzen. Bei der bevorzugten Methode wird ein Durchschnittspreis vorgegeben und AdWords versucht automatisch dies zu erreichen. Es ist aber nicht möglich in der gleichen Kampagne beide Methoden zu nutzen.[34]

Eine der wichtigsten Optionen von AdWords ist die Möglichkeit des Conversion Trackings. Bei jedem Benutzer der auf eine AdWords Anzeige klickt, wird ein Cookie gespeichert, wenn der Benutzer nun auf eine Conversion-Seite[35] (z.B. Danke-Seite nach einer Bestellung) kommt, wird der Cookie mit der Website verknüpft und bei einer Übereinstimmung als erfolgreiche Conversion gezählt. Hiermit lassen sich die Kosten pro Conversion einfach berechnen.[36]

Google bietet eine kostenpflichtige Programmierschnittstelle (engl. Application Programming Interface, API) für AdWords momentan nur in englischer Sprache(Beta-Phase) für verschiede Programmiersprachen an. Mit dieser API kann man direkt auf die AdWords-Server zugreifen und die Daten lesen und manipulieren.[37]

---

[33] Vgl. Google (2008e)
[34] Vgl. Google (2008g)
[35] Eine Webseite wo personalisierter Programmiercode von Google eingebaut ist.
[36] Vgl. Google (2008h)
[37] Vgl. Google (2008j)

2.1.2. AdSense

Um AdSense nutzen zu können, benötigt man ein Google Konto, welches mit AdSense verbunden wird. Dort können verschiedene Produkte

- Content-Seiten,
- Suchergebnisseiten,
- Feeds,
- Videoeinheiten und
- Mobile Content

für die Webseite optisch angepasst werden. Mit diesen Anpassungen wird dann für die gewünschte Größe der Code generiert, welcher auf der Webseite an der Stelle, an der die Anzeigen erscheinen sollen, eingebaut werden muss. Die Anzeigen werden passend zum Inhalt der Webseite generiert und eingeblendet. So könnten auch Konkurrenten Anzeigen auf der Seite schalten, dies kann mit dem Filter für Konkurrenzanzeigen verhindert werden. Hier werden die URL's der Konkurrenten eingetragen und von diesen wird keine Anzeige mehr geschaltet. Teilnehmer des AdSense Programmes werden nach der CPC-Methode bezahlt und bekommen so einen variabel von Google berechneten Betrag für jeden Klick auf eine Anzeige.[38]

2.2. Yahoo!

Yahoo bietet die Möglichkeit in 32 Ländern weltweit Anzeigen zu schalten, leider muss man sich für jedes Land einzeln anmelden und es gibt keine gemeinsame Verwaltung[39]. Auch muss für jedes Land das länderspezifische Mindestgebot und der Mindestumsatz beachtet werden. Hierzu kommen bei der Erstanmeldung die Mindesteinlage je Land, welche für Europa 50€ je Land beträgt. Ein großer Vorteil des Yahoo Netzwerks sind die starken Partner wie ebay und amazon. Die Abrechnungsmethode ist CPC mit einem Tagesbudget (bei einer Abweichung von mehr als 10% zum Monatsbudget gibt es eine Rückerstattung) das Mindestgebot beträgt 0,05€ in Deutschland bei einem Mindestumsatz von 25€ im Monat.[40]

2.3. Baidu

Bei einem Marktanteil von 90% in China ist für den chinesischen Markt Baidu als Werbeplattform mit einzubeziehen. Baidu rechnet nach den Modellen CPM und CPC ab. Die Seiten sind nur in chinesischer Sprache verfügbar.

---

[38] Vgl. Google (2008k)
[39] Es gibt ein vereinfachtes Formular um sich z.B. für mehrere Länder Europas gleichzeitig anzumelden.
[40] Vgl. Yahoo! (2008)

2.4. Miva

Miva ist ein Netzwerk ohne eigene Suchmaschine, hier werden die Anzeigen im Partnernetz vertrieben. In Deutschland, USA, England, Frankreich, Italien und Spanien ist MIVA direkt tätig, in Dänemark, Schweden und Norwegen nur durch Tochterunternehmen. Für jede Niederlassung muss eine separate Anmeldung erfolgen. Die Abrechnungsmethode ist CPC mit einem Mindestgebot von 0,10€.[41]

3. Nachteile des SEM

Es gibt ein paar Probleme und Störfaktoren beim Suchmaschinen Marketing. Hierbei wird in Nachteile für den Nutzer der Suchmaschine und für den Werbetreibenden unterschieden.

Für den Nutzer kann es schwierig sein, die gewünschten Inhalte zu finden, da zwischen *Paid* und *Organic Listings* kein Unterschied gesehen wird[42]. Gerade bei der Informations-Suche werden zu oft Werbeseiten oder Verkaufsangebote gefunden, dies verzögert das Finden der relevanten Information[43]

Für den Werbetreibenden ist der Klickbetrug das größte Problem. Beim Klickbetrug wird von Dritten auf die Anzeige geklickt, mit der Absicht Geld zu verdienen (Partnerprogramme), Kosten bei der Konkurrenz zu verursachen und das Tageslimit zu erreichen, damit die eigenen Anzeigen besser positioniert werden.

Klickbetrug ist leicht rückläufig, beträgt aber im Content-Netzwerk im dritten Quartal 2008 27,1% bei einer durchschnittlichen Betrugsrate von 16%.[44] Die Suchmaschinenbetreiber versuchen den Klickbetrug einzudämmen, da es das Geschäftsmodell des Suchmaschinen Marketings in Frage stellt. In den USA hat es in der Vergangenheit Klagen wegen Klickbetrugs gegen Suchmaschinenbetreiber gegeben. Hierbei wurde den Betreibern vorgeworfen, zu wenig gegen Betrug zu unternehmen und von diesem zu profitieren.[45]

---

[41] Vgl. MIVA (o.A.)
[42] Nur 38% kennen den Unterschied zwischen *Paid* und *Organic Listings* nach www.marketing.ch
[43] Vgl. Fairlaine Consulting (o.A.)
[44] Vgl. clickforensics (2008)
[45] Vgl. manager-magazin.de (2006)

Abbildung 7 Überblick über die weltweite Verbreitung Q3/2008 zu Klickbetrug[46]

In Abbildung 7 ist für das dritte Quartal 2008 die Verteilung des Klickbetrugs je Land dargestellt. Auffällig ist hier das in Großbritannien und Frankreich der Betrug im Verhältnis zum restlichen Europa sehr hoch ist und auf der gleichen Stufe wie Russland und China steht. Der geringe Klickbetrug in den USA lässt sich durch einige Urteile mit hohen Geldstrafen zu Klickbetrug erklären.

Weitere Informationen zu diesem Thema finden Sie in: „Suchmaschinen. Optimierung und Marketing" von HolgerWeber.

ISBN: 978-3-640-23232-1

http://www.grin.com/de/e-book/119771/

---

[46] In Anlehnung an: clickforensics (2008)

Literaturverzeichnis (inklusive weiterführender Literatur)

Buch-Quellen

Arasu et al. Searching the Web. Arasu, Arvind, et al. S.l. : ACM, 2001, ACM Transactions on
(2001) Internet Technology, Ausgabe 1, Seite 2-43

Bishopinck Bischopinck, Yvonne and Ceyp, Michael; Suchmaschinen-Marketing 2. Auflage.
et al. (2008) Berlin : Springer, 2008

Dari et al. Darie, Cristian and Sirovich, Jaimie; Professional Search Engine Optimization with
(2007) PHP, Indianapolis, Wiley & Sons, 2007

Diekhof et Diekhof, Rolf, Braunschweig, Stefan and Krenn, Ulrich; Wandel im Werbemix ,
al. (2002) München, Europa-Fachpresse-Verlag GmbH, 2002, W&V, Ausgabe 16, Seite 25-28

Emrich Emrich, Christin; Multi-Channel-Communications- und Marketing-Management,
(2008) Wiesbaden, Gabler, 2008

Erlhofer Erlhofer, Sebastian; Suchmaschinen-Optimierung für Webentwickler 4. Auflage,
(2008) Bonn, Galileo Press, 2008

Fischer Fischer, Mario; Website Boosting, Heidelberg, mitp Verlag, 2006
(2006)

Förster et Förster, Anja and Kreuz, Peter; Offensives Marketing im E- Business, Berlin, Springer,
al. (2002) 2002

Förster et Förster, Anja and Kreuz, Peter; Marketing-Trends 2. Auflage, Wiesbaden, Gabler,
al. (2006) 2006

Fortmann Fortmann, Harald R.; Geschichte der Suchmaschinen und ein vorsichtiger Blick in die
(2006) Zukunft. Interaktive Trend 2006/2007 /Jahrbuch Deutscher Multimedia Award. O.A.,
J&S Dialog-Medien, 2006

Glöggler Glöggler, Michael; Suchmaschinen im Internet. Funktionsweisen, Ranking Methoden,
(2003) Top Positionen, Berlin, Springer-Verlag, 2003

Greifeneder Greifeneder, Horst; Erfolgreiches Suchmaschinenmarketing. Wiesbaden, Gabler
(2006) Verlag, 2006

Hippner et Hippner, Hajo, Merzenich, Melanie and Wilde, Klaus, [hrsg.]; Handbuch Web Mining
al. (2002) im Marketin. Braunschweig / Wiesbaden, Vieweg+Teubner, 2002

Hotchlkiss Hotchkiss, Gord, Alston, Steve and Edwards, Greg.; Eye Tracking Study - An In Depth

et al. (2005)   Look at Interactions with Google using Eye Tracking Methodology, O.A., Enquiro Search Solutions Inc., 2005

Koch (2007)   Koch, Daniel; Suchmaschinenoptimierung: Website-Marketing für Entwickler. München, Addison-Wesley, 2007

Komus   et al. (2008)   Komus, Ayelt and Wauch, Franziska; Wikimanagement: Was Unternehmen von Social Software und Web 2.0 lernen können, München, Oldenbourg Wissenschaftsverlag, 2008

Lammentt (2006)   Lammenett, Erwin; Praxiswissen Online-Marketing, Wiesbaden, Gabler, 2006

Lewandows ki (2005)   Lewandowski, Dirk; Web Information Retrieval, Frankfurt am Main, DGI Schrift, 2005

Meng et al. (2002)   Meng, Weiyi, Yu, Clement and Liu, King Lup; Building Efficient and Effective Metasearch Engines, o.A., ACM Computing Surveys (CSUR), 2002, Vausgabe. 34-1, Seite 48-89

Münz (2008)   Münz, Stefan; Webseiten professionell erstellen 3.Auflage, München, Addison-Wesley, 2008

Nicolson et al. (2006)   Nicholson, Scott, et al.; How Much of It Is Real? Analysis of Paid Placement in Web Search Engine Results, o.A. , Journal of the American Society for Information Science and Technology, 2006, Ausgabe 57,Seite 448-461

Nielsen   et al. (2008)   Nielsen, Jakob and Loranger, Hoa; Web Usability. München, Addison-Wesley, 2008

Opuchlick (2006)   Opuchlik, Adam; E-Commerce-Strategie: Entwicklung und Einführung. O.A., Books on Demand Gmbh, 2006

Piotek (2004)   Piontek, Jochem; Controlling, 3. Auflage. München, Oldenbourg, 2004

Reinecke et al. (2006)   Reinecke, Sven and Tomczak, Torsten, [Hrsg.]; Handbuch Marketingcontrolling 2. Auflage, Wiesbaden, Gabler, 2006

Roddewig (2003)   Roddewig, Sven; Website Marketing, Braunschweig, Vieweg, 2003

Stock (2006)   Stock, Wolfgang G.; Information Retrieval: Informationen suchen und finden, O.A., Oldenbourg, 2006

Thurow (2003)	Thurow, Shari; Search Engine Visibility, Indianapolis, New Riders, 2003
van Gisbergen et al. (2005)	van Gisbergen, Marnix S., van der Most, Jeroen and Aelen, Paul; Visual attention to Online Search Engine, Nijmegen, De Vos & Jansen, 2005
Wannenwet sch et al. (2004)	Wannenwetsch, Helmut H. and Nicolai, Sascha, [Hrsg.]; E-Supply-Chain-Management, 2. Auflage, Wiesbaden, Gabler, 2004
Winkler et al. (2007)	Winkler, Jan and Kehrhahn, Jobst-Hendrik; Suchmaschinenoptimierung, O.A., Franzis, 2007
Wöhe et al. (2005)	Wöhe, Günter and Döring, Ulrich.; Einführung in die Allgemeien Betriebswirtschaftslehre 22. Auflage, München, Vahlen, 2005

Online-Quellen

AdControl (o.A.)	AdControl (Hrsg.); o.A., AdControl, http://www.adcontrol.de/index.php (30.11.2008)
Baumann (2008)	Baumann, Nina; Onetomarket auf der SES in Hamburg, 02.06.2008, http://linkspiel.de/index.php/onetomarket-auf-der-ses-in-hamburg.html (17.11.2008)
BITKOM (2008a)	BITKOM (Hrsg.); Internetnutzung - Ende 2006 nutzten 60 Prozent der Deutschen das Internet, 2008, http://www.bitkom.org/de/markt_statistik/46259_38541.aspx (19.11.2008
BITKOM (2008b)	BITKOM (Hrsg.);Online-Werbemarkt wächst um 44 Prozent.27.10.2008, http://www.bitkom.org/de/presse/8477_54973.aspx (02.12.2008)
BITKOM (2008c)	BITKOM (Hrsg.); Mehr als 10 Millionen Deutsche planen Geschenke-Kauf im Internet, 23.11.2008, http://www.bitkom.org/de/presse/8477_55610.aspx (03.12.2008)
Brin et al. (1998)	Brin, Sergey and Page, Lawrence; The Anatomy of a Large-Scale Hypertextual Web Search Engine, 1998, http://infolab.stanford.edu/~backrub/google.html (02.12.2008)
BVDW (2008a)	BVDW (Hrsg.); OVK Report, 2008, http://www.bvdw.org/fileadmin/downloads/marktzahlen/basispraesentatione

n/OVK_Report_2008-02.pdf (19.11.2008)

BVDW (2008b)   BVDW (Hrsg.); Befragungsergebnisse SEM/SEO Befragung, o.A., http://www.bvdw.org/uploads/media/bvdw_SEO_SEM_final.pdf (22.11.2008)

clickforensics (2008) clickforensics (Hrsg.); Click Fraud Index, 2008, http://www.clickforensics.com/resources/click-fraud-index.html (23.11.2008)

ClickTracks (o.A.)   ClickTracks (Hrsg.); Mit ClickTracks durchstarten, o.A., http://www.clicktracks.at/cinema/getting_started.html (30.11.2008)

Cutts (2006)   Cutts, Mat; SEO Mistakes: Spam in other languages, 11.01.2006, http://www.mattcutts.com/blog/seo-mistakes-spam-in-other-languages/ (17.11.2008)

Fairlaine Consulting   Fairlane Consulting GmbH (Hrsg.); Schwächen der Suchmaschinen, o.A.,
(o.A.)   http://www.marketing.ch/wissen/suchmaschinenmarketing/schwaechen.asp (13.11.2008)

Gavin (2008a)   Gavin, Jamie; comScore Releases July 2008 German Search Rankings, 2008, http://www.comscore.com/press/release.asp?press=2484 (13.10.2008)

Gavin (2008b)   Gavin, Jamie.; comScore Releases March 2008 European Search Rankings, 2008, http://www.comscore.com/press/release.asp?press=2208 (13.10.2008)

Google (2007)   Google (Hrsg.); Webmaster-Tools, 2007, https://www.google.com/webmasters/tools/docs/de/about.html (22.11.2008)

Google (2008a)   Google (Hrsg.); Verborgener text und verborgene Links, 2008, http://www.google.com/support/webmasters/bin/answer.py?hlrm=en&answer=66353 (17.11.2008)

Google (2008b)   Google (Hrsg.); Financial Tables, 2008, http://investor.google.com/fin_data.html, (19.11.2008)

Google (2008c)   Google (Hrsg.); Worin unterscheiden sich Starter-Edition und Standard-Edition?, 2008, http://adwords.google.com/support/bin/answer.py?answer=31774&cbid=-il6vmvcm72u0&src=cb&lev=topic (22.11.2008)

Google (2008d)   Google (Hrsg.); Schaltung der Anzeige, 2008, https://adwords.google.com/support/bin/answer.py?answer=6299&ctx=tltp

(22.11.2008)

Google (2008e)   Google   (Hrsg.);   Content   Policy,   2008,
http://adwords.google.com/support/bin/static.py?page=guidelines.cs&topic=
9271&subtopic=9279 (22.11.2008)

Google (2008f)   Google   (Hrsg.);   How   do   I   use   keyword   insertion?,   2008,
https://adwords.google.com/support/bin/answer.py?answer=74996&topic=1
2396.
http://adwords.google.com/support/bin/answer.py?hl=en&answer=74996
(22.11.2008)

Google (2008g)   Google   (Hrsg.);   Preferred   Cost   Bidding,   2008,
http://adwords.google.com/support/bin/topic.py?topic=10775 (22.11.2008)

Google (2008h)   Google (Hrsg.); Deciding Whether to Use Conversion Tracking, 2008,
http://adwords.google.com/support/bin/topic.py?topic=61 (22.11.2008)

Google (2008i)   Google   (Hrsg.);   Keyword-Tool,   2008,
https://adwords.google.de/select/KeywordToolExternal (22.11.2008)

Google (2008j)   Google   (Hrsg.);   AdWords   API,   2008,
http://www.google.de/adwords/learningcenter/text/19498.html (22.11.2008)

Google (2008k)   Google   (Hrsg.);   AdSense   Help,   2008,
https://www.google.com/adsense/support/?hl=de?sourceid=asos&subid=ww
-ww-et-left_nav&medium=link (22.11.2008)

Google (2008l)   Google (Hrsg.); Das Wichtigste über die Google-Suche , 2008,
http://www.google.com/support/bin/static.py?page=searchguides.html&ctx=
basics&hlrm=en (23.11.2008)

Google (2008m)   Google   (Hrsg.);   Google   Analytics   (Login   erforderlich),   2008,
https://www.google.com/analytics/reporting/?reset=1&id=11983786&pdr=2
0081030-20081129 (30.11.2008)

Google (2008n)   Google   (Hrsg.);   Google   Analytics   Funktionen,   2008,
http://www.google.com/analytics/de-DE/features.html (01.12.2008)

Google (2008o)   Google   (Hrsg.);   WebmasterTools   (Login   erforderlich),   2008,
https://www.google.com/webmasters/tools/summary?siteUrl=http%3A%2F
%2Fwww.weber-holger.de%2F&hl=de (02.12.2008)

Google (2008p)   Google (Hrsg.); AdWords Zielregion festlegen (Login erforderlich), 2008,

https://adwords.google.com/select/TargetingWizardWithGeoPicker?start=tru
e&inLocationTargetingReview=false&wizardKey=5d7889648dc579ab
(02.12.2008)

Google (2008q)   Google (Hrsg.); AdWords Anzeige erstellen (Login erforderlich), 2008,
https://adwords.google.com/select/FirstAdTypeFinder?wizardKey=5d78896
48dc579ab (02.12.2008)

Google (2008r)   Google (Hrsg.); vitalenergetik.net AdWords Übersicht (Login erforderlich),
2008, https://adwords.google.com/select/snapshot (03.12.200)

Google (2008s)   Google (Hrsg.); vitalenergetik.net Bioenergetik Anzeigengruppe (Login
erforderlich), 2008,
https://adwords.google.com/select/CampaignManagement?adgroupidx=0&a
dgroupid=1154508276&campaignId=33756006 (03.12.2008)

Google (2008t)   Google (Hrsg.); GfU.net AdWords Übersicht (Login erforderlich), 2008,
https://adwords.google.com/select/snapshot (02.10.2008)

Indigo Stream Technologies (2008)   copyscape. [Online] Indigo Stream Technologies, 2008. [Cited: 11 17,
2008.] www.copyscape.com.

Internet Archive (o.A.)   Internet Archive (Hrsg.); Google Beta Webseite,
http://web.archive.org/web/19990125084553/alpha.google.com/
(11.10.2008)

Jurvetson (o.A.)   Jurvetson, Steve; o.A., o.A.,
http://www.flickr.com/photos/jurvetson/21470089/sizes/o/ (02.12.2008)

Ku et al. (2005)   Ku, David and Walther, Eckart; Search, with a little help from your
friends,2005, http://www.ysearchblog.com/archives/000130.html
(11.10.2008)

Kuri (2006)   Kuri, Jürgen; Google sperrt nun auch deutsche Webseiten mit versteckten
Suchwörtern aus, 05.02.2006, http://www.heise.de/newsticker/Google-
sperrt-nun-auch-deutsche-Webseiten-mit-versteckten-Suchwoertern-aus--
/meldung/69 (17.11.2008)

Lammentt (2007)   Lammenett, Erwin; Effiziente Steuerung: Kennzahlen und Controlling-Tools
im Online-Marketing, 08.03.2007,
http://www.ecin.de/marketing/kennzahlen-controlling/ (30.11.2008)

Lewandowski (2008)   Lewandowski, Dirk; Suchmaschinen-News, 2008,
http://www.durchdenken.de/lewandowski/suchmaschinen-news.php

(11.10.2008)

Lipsman (2008a) Lipsman, Andrew; comScore Releases February 2008 U.S. Search Engine Rankings, 2008, http://www.comscore.com/press/release.asp?press=2119 (13.10.2008)

Lipsman (2008b) Lipsman, Andrew; comScore Releases August 2008 U.S. Search Engine Rankings, 2008, http://www.comscore.com/press/release.asp?press=2476 (13.10.2008)

Lipsman (2008c) Lipsman, Andrew; Baidu Ranked Third Largest Worldwide Search Property by comScore in December 2007, 2008, http://www.comscore.com/press/release.asp?press=2018 (14.10.2008)

manager-magazin.de manager-magazin.de (Hrsg.); Yahoo zahlt Werbegelder zurück, 29.06.2006,
(2006) http://www.manager-magazin.de/it/artikel/0,2828,424320,00.html (23.11.2008)

MIVA (o.A.) MIVA (Hrsg.); MIVA, o.A., http://www.miva.com/de/content/advertiser/overview.asp (20.11.2008)

Moskwa (2008) Moskwa, Susan; Die "Duplicate Content-Penalty" - entmystifiziert!, 12.09.2008, http://googlewebmastercentral-de.blogspot.com/2008/09/die-duplicate-content-penalty.html (20.10.2008)

Mueller (2008) Mueller, John; First Click Free bei der Websuche, 20.10.2008, http://googlewebmastercentral-de.blogspot.com/2008/10/first-click-free-bei-der-websuche.html (20.10.2008)

Ohye (2008) Ohye, Maile; Wie Google IP-Delivery, Geolocation und Cloaking definiert, 03.06.2008, http://googlewebmastercentral-de.blogspot.com/2008/06/wie-google-ip-delivery-geolocation-und.html (17.11.2008)

onestat.com (2006) onestat.com (Hrsg.); Less people use 1 word phrase in search engines according to OneStat.com, 2006, http://onestat.com/html/aboutus_pressbox45-search-phrases.html (16.11.2008)

onestat.com (2008a) onestat.com (Hrsg.); More and more people use 2 word phrases instead of 3 and 1 phrases in search engines according to OneStat.com, 2008, http://onestat.com/html/press-release-more-and-more-people-use-2-word-phrases-in-search-engines.html (16.11.2008)

onestat.com (2008b)   onestat.com (Hrsg.); Google is the most popular search engine on the web according to OneStat.com, 2008, http://www.onestat.com/html/aboutus_pressbox3.html (12.10.2008)

Pakalski (2000)   Pakalski, Ingo; Kostenlose Google-Suchleiste für den Internet Explorer, 11.12.2000, http://www.golem.de/0012/11274.html (15.11.2008)

Rabe (2004)   Rabe, Lars; Seminarunterlagen zum „Workshop FH Wiesbaden: Vertriebsorientiertes Online-Marketing", 2004, http://marketing.bwl.fh-wiesbaden.de/cms/upload/bilder/czech-winkelmann/SS_2006/Suchmaschinen_Marketing.pdf (18.11.2008)

Radwanik (2008)   Radwanick, Sarah; comScore Releases Asia-Pacific Search Rankings for July 2008, 2008, http://www.comscore.com/press/release.asp?press=2473 (13.10.2008)

Raimondi (2002)   Raimondi, Chris; Google Page Rank Figurin' Guide, 2002, http://searchnerd.com/pagerank/ (15.11.2008)

Schönfeld (1996)   Schönfeldt, René; "Flipper" fischt im Internet, 1996, http://www2.tu-berlin.de/presse/tui/96jul/flip.htm (08.10.2008)

Schüler (2007)   Schüler, Hans-Peter; Geheime Bombenentschärfung bei Google, 28.01.2007, http://www.heise.de/newsticker/Geheime-Bombenentschaerfung-bei-Google--/meldung/84386 (15.11.2008)

searchmetrics (2008)   searchmetrics (Hrsg.); SEO Tools, 2008, http://de.linkvendor.com/ (22.11.2008)

seo-konkret.de (2005)   seo-konkret.de (Hrsg.); Definition: e-Marketing Abrechnungsmodelle, 2005, http://www.seo-konkret.de/suchmaschinen-glossar/cpm-tkp-cpa-cpx-cpc-cpl-cpo/ (20.11.2008)

Sobek (2002/2003a)   Sobek, Markus.; PR0 - Die PageRank 0 Bestrafung,2002/2003, http://pr.efactory.de/d-pr0.shtml (15.11.2008)

Sobek (2002/2003b)   Sobek, Markus; Die Implementierung des PageRank in die Suchmaschine Google, 2002/2003, http://pr.efactory.de/d-pagerank-implementierung.shtml 15.11.2008)

Yahoo! (2008)   Yahoo!   (Hrsg.);Yahoo!   Search   Marketing,   2008,
                         http://searchmarketing.yahoo.com/de_DE/yahoo-
                         suchmaschinenmarketing.php (20.11.2008)